谨以此书致敬浙江大学“光仪八四”

光学工程『双一流』学科建设书目
信息传感及系统技术特色学科建设书目
摄影：技术与艺术教学书目

西湖之雪

车双良　著

浙江大学出版社
ZHEJIANG UNIVERSITY PRESS
·杭州

图书在版编目（CIP）数据
西湖之雪 / 车双良著. -- 杭州 : 浙江大学出版社,
2024. 7. -- ISBN 978-7-308-25189-1
Ⅰ. K928.43-64
中国国家版本馆 CIP 数据核字第 2024UK2867 号

西湖之雪

XIHU ZHI XUE

车双良　著

策划编辑　徐　霞（xuxia@zju.edu.cn）
责任编辑　徐　霞
责任校对　秦　瑕
封面设计　春天书装
出版发行　浙江大学出版社
（杭州天目山路148号　邮政编码：310007）
（网址：http://www.zjupress.com）
排　　版　杭州林智广告有限公司
印　　刷　浙江省邮电印刷股份有限公司
开　　本　889mm×1194mm　1/16
印　　张　11.75
字　　数　80千
版 印 次　2024年7月第1版　2024年7月第1次印刷
书　　号　ISBN 978-7-308-25189-1
定　　价　198.00元

序

我的家乡在关中平原东北部洛河之滨，是典型的温带大陆性气候：春暖、夏热、秋凉、冬冷，四季分明。到了冬天，常常一夜北风怒号，大雪纷飞。第二天原野一片苍茫，银装素裹，屋顶、树上一片洁白，村子里东巷西街，格外宁静，连狗都冻得蜷缩在灶台前懒得叫了。我们背着书包，“嘎吱、嘎吱”踩着厚厚的积雪，深一脚浅一脚地去上学。

教室窗户上糊的旧报纸早已被昨夜的狂风卷上云霄。课桌上、凳子上、地面上也都有少许积雪。尽管冷如冰窟，但终究是给教室增添了一份别样的唯美气息。语文老师提笔在黑板上写下七个大字“燕山雪花大如席”！老天爷还真是配合，老师刚一落笔，一阵凛冽的寒风便卷着片片雪花从四面八方弥漫了整个教室。对于我们早已快冻透了的幼小身躯而言，真是万箭穿身、万花寒心！尽管冻得手脚皲裂、鼻涕长流，但哪里冻得住我们学习的热情，一个个扯着脖子、摇头晃脑地跟着老师大声朗读“燕山雪花大如席”！现在想想，依然是画面感满满！

后来，读到了鲁迅先生的散文《雪》，才知道江南的雪和我家乡的雪完全不一样：“江南的雪，可是滋润美艳之至了；那是还在隐约着的青春的消息”。可是江南的雪到底怎么滋润？如何美艳？又是在隐约着哪些青春的消息？读了一遍又一遍，总是不得要领。“纸上得来终觉浅，绝知此事要躬行。”所以四十年前，我便怀揣着几本书，来到杭州求学，感受江南之雪。

西湖之雪无疑是江南最美的雪，西湖之雪景，无疑也是西湖景致中最美的。晚明汪珂玉曾评注：“西湖之胜，晴湖不如雨湖，雨湖不如月湖，月湖不如雪湖。”一句话道出了西湖之雪的风范。而“断桥残雪”的一个“残”字我以为并不是西湖之雪消融的残缺之美，而是状尽了西湖之雪的动态之美！千百年来，无数文人骚客极尽文字之能状，欲为西湖之雪留痕，但都无出张岱《湖心亭看雪》之右者：“天与云、与山、与水，上下一白。湖上影子，惟长堤一痕，湖心亭一点，与余舟一芥，舟中人两三粒而已。”

文字雕刻的西湖之雪花永不变形，文学描绘的西湖之雪景永不消融。但时代在变，万人空巷，手机打卡是我们这个时代欣赏西湖之雪的个性化体验。所以《西湖之雪》是我从断桥出发，沿着白堤，经孤山，又曲院风荷，至茅家埠等欣赏西湖之雪的些许光影记录。西湖之雪，各美其美！尽管知道“雨里孤村雪里山，看时容易画时难”，但依然勉为其难地将《西湖之雪》呈现给读者诸君，仅仅是想分享数十年来我对于西湖之雪的个性化真实感悟，别无它。是为序。

车双良

二〇二四年五月于美丽的求是园

目录

断桥残雪

雪冷荷残亭影

桥影水中娇旖旎

梅雪争春未肯降

白堤雪树残荷

断桥残雪树犹凝

一夜曾闻雪打声

风雪残荷偏瘦

孤舟十里西湖

南屏晚钟声冷

枯荷瘦水弄寒冰

晴晴雨雨時時好好奇奇

西湖天下景

风雪御酒坊

晴雪落长松

讀白居易之詩
懷魯迅君
三五夜中新月色
二千里外故人心

风卷寒云雪压船

湛碧楼前景如许

雪舟含远山

小隱園

雪晴池馆如画

雪中林卉皆相似

坐看青竹变琼枝

白雪却嫌春色晚

谁家灯笼迎飞雪

茅舍疏篱雪残

喜

稻花香里说丰年 听取蛙声一片

野渡无人

残雪将融暮色

香草风流

香雪亭

賛梅軒

怒放

靈峰探梅

蜡梅寒雪轻透

雪满智泉道

ZJU
120

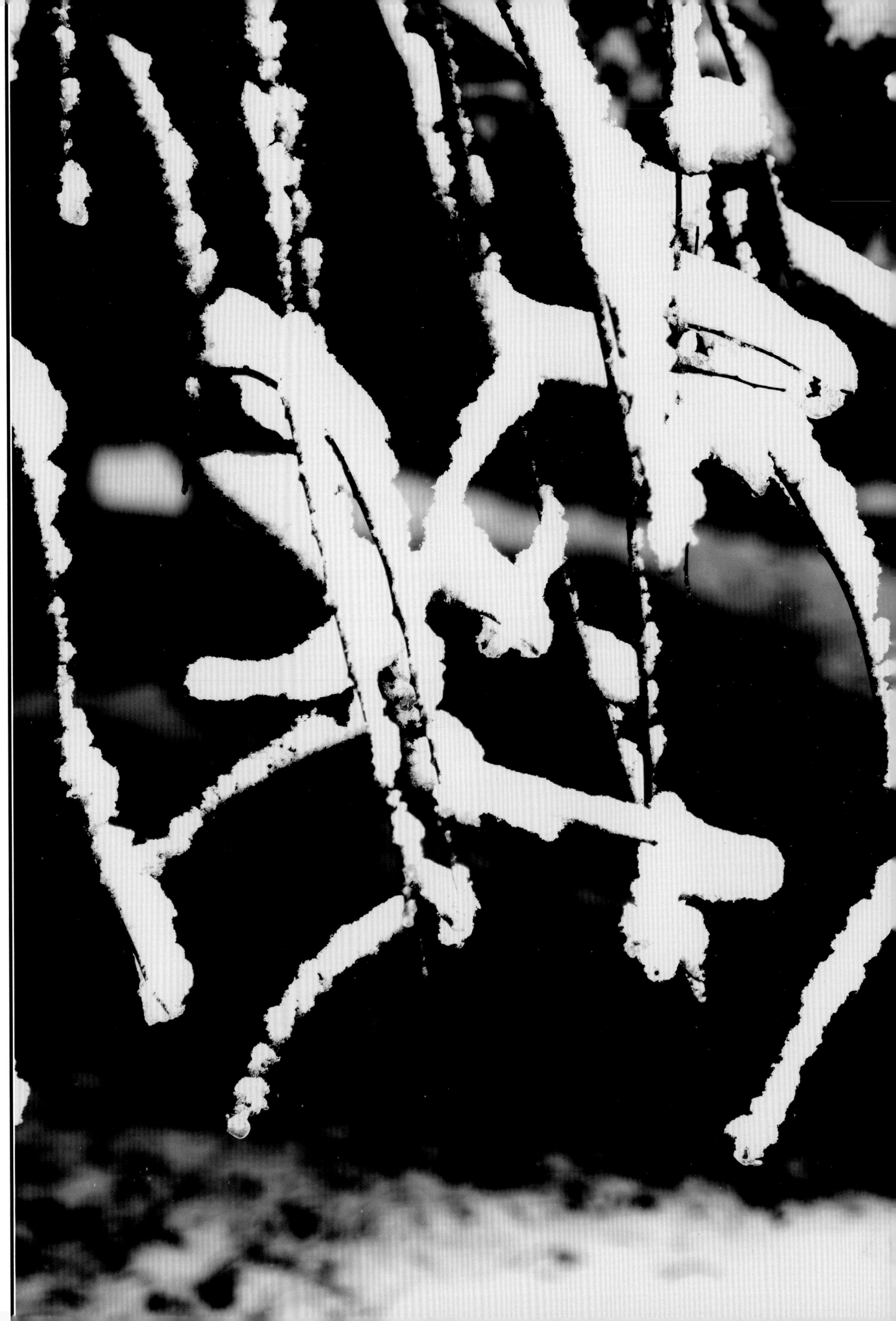

寒风古树

致谢

在《西湖之雪》出版之际，感谢浙江大学光电科学与工程学院教学委员会特别是教育教学办公室金鑫主任对“摄影：技术与艺术”课程建设的大力支持；感谢我的同事张又文认真而又细致的工作，出版过程中的许多琐事因她的努力迎刃而解，为《西湖之雪》的顺利出版打下了良好的基础；感谢浙江大学出版社徐霞老师专业又敬业的指导和帮助。《如荷知之》的出版让我对浙江大学出版社的装帧水平有了耳目一新的惊喜，期待《西湖之雪》更上一层楼。